The long vowel

Look, say, cover	Write and check	Write and check	Write and check
paint	_____	_____	_____
chain	_____	_____	_____
name	_____	_____	_____
shake	_____	_____	_____
pay	_____	_____	_____
clay	_____	_____	_____

A Write one word for each different way the long sound *a* can be written.

1 _____ **2** _____ **3** _____

B Some of the words below are spelled wrongly. Write the words correctly. Use a dictionary to check your spellings.

1 rane <u>rain</u> **2** gaim _____ **3** cays _____

4 snail _____ **5** caik _____ **6** grape _____

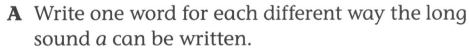

The long vowel sound *a* can be spelled in different ways, e.g. *ai* → **rain**, *ay* → **play**, *a-e* → **cake**.   **3**

The long vowel sound o

Look, say, cover	Write and check	Write and check	Write and check
show	_____	_____	_____
throw	_____	_____	_____
close	_____	_____	_____
smoke	_____	_____	_____
throat	_____	_____	_____
coast	_____	_____	_____

Circle twelve *ow*, *oa* and *o-e* words in the wordsearch.

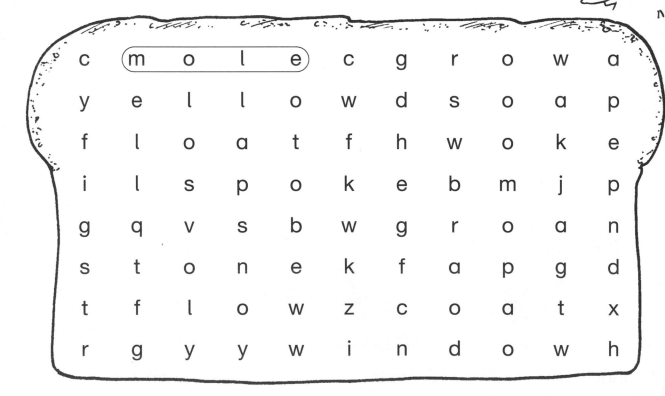

```
c   m   o   l   e   c   g   r   o   w   a
y   e   l   l   o   w   d   s   o   a   p
f   l   o   a   t   f   h   w   o   k   e
i   l   s   p   o   k   e   b   m   j   p
g   q   v   s   b   w   g   r   o   a   n
s   t   o   n   e   k   f   a   p   g   d
t   f   l   o   w   z   c   o   a   t   x
r   g   y   y   w   i   n   d   o   w   h
```

The long vowel sound *o* can be spelled in different ways,
e.g. *oa* → **coat**, *ow* → **crow**, *o-e* → **rose**.

The long vowel sound e

Look, say, cover	Write and check	Write and check	Write and check
sheet	_____	_____	_____
speed	_____	_____	_____
creep	_____	_____	_____
dream	_____	_____	_____
steam	_____	_____	_____
scream	_____	_____	_____

A Write one word for each different way the long vowel sound *e* can be written.

1 _____   **2** _____

B Some of these words are spelled wrongly. Write the words correctly.

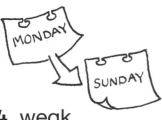

1 reed <u>read</u>   **2** sweet _____   **3** leef _____

4 weak _____   **5** been _____   **6** wheal _____

The long vowel sound u

Look, say, cover	Write and check	Write and check	Write and check
true	_____	_____	_____
blue	_____	_____	_____
clue	_____	_____	_____
due	_____	_____	_____
glue	_____	_____	_____
Sue	_____	_____	_____

A Use the clues to find these words which end in *ue*.
Use a dictionary to check your spellings.

1 a large sculpture of a person or animal   st_____

2 if you save someone from danger
you do this   re_____

3 if you keep doing something
you do this   con_____

4 a long line of people waiting
for something   qu_____

B Write the day of the week that has *ue* in its spelling.

_____

The long vowel sound *u* can be spelled in different ways,
e.g. *oo* → **moon**, *ew* → **flew**, *ue* → **clue**, *u-e* → **tune**.

The long vowel sound i

Look, say, cover	Write and check	Write and check	Write and check
right	_____	_____	_____
might	_____	_____	_____
light	_____	_____	_____
fight	_____	_____	_____
fright	_____	_____	_____
bright	_____	_____	_____

A Add *y, i-e, igh* or *ie* to make words that match the pictures.

1 n<u>ine</u> ____

2 cr_____

3 t_____

4 f_____t

B Use the consonants in the box to make words.

fl	l	d	m	p	f	cr

1 __fly   **2** ____ine   **3** _____ie   **4** ____ight

____y   ____ine   _____ie   ____ight

____y   ____ine   _____ie   ____ight

The long vowel sound *i* can be spelled in different ways,
e.g. *ie* → **lie**, *igh* → **night**, *i-e* → **bike**, *y* → **cry**.

Ar

Look, say, cover	Write and check	Write and check	Write and check
jar			
farm			
tart			
bark			
cart			
sharp			

A Change the onset to make three new words.

bar	**h**ard	**p**art	**p**ark
car			

B Use a dictionary to find these words. Each word begins with the letters *ar*.

1 the part of your body between your hand and your shoulder _____

2 metal clothing worn to protect the body _____

The sound made by the letters *ar* is the alphabet name *R*, e.g. **car**.

Oi and oy

Look, say, cover	Write and check	Write and check	Write and check
boil	_____	_____	_____
soil	_____	_____	_____
spoil	_____	_____	_____
join	_____	_____	_____
point	_____	_____	_____
joint	_____	_____	_____

A Add an onset to each rime to make words.

1a) _boy   b) __oy   c) __oy

2a) __oil   b) __oil   c) __oil

B Use a dictionary to find these words with *oy* in them.

1 If you en_____ doing something you like doing it.

2 If you an_____ someone, you make them angry.

3 Queens, kings and members of their family are r_____l.

4 If you de_____ something, you damage it so that it
can never be used again.

The letters *oi* and *oy* often make the same sound.
The letters *oi* are often found in the middle of words, e.g. **coin**.
The letters *oy* are often found at the end of words, e.g. **boy**.

Ou and ow

Look, say, cover	Write and check	Write and check	Write and check
found	_____	_____	_____
cloud	_____	_____	_____
mouth	_____	_____	_____
town	_____	_____	_____
crowd	_____	_____	_____
growl	_____	_____	_____

Change the onset to make three new words.

1 cow

how _____

_____

_____

2 down

_____

_____

3 tower

_____

_____

4 pound

_____

_____

_____

5 stout

_____

_____

The letters *ou* and *ow* can make the same sound, e.g. **house**, **cow**.

Adding -ed and -ing

Look, say, cover	Write and check	Write and check	Write and check
crashed	_____	_____	_____
crashing	_____	_____	_____
hunted	_____	_____	_____
hunting	_____	_____	_____
jumped	_____	_____	_____
jumping	_____	_____	_____

Add *-ed* and *-ing* to each word to make new words.

1 pack
+ed <u>packed</u>
+ing <u>packing</u>

2 link
+ed _____
+ing _____

3 brush
+ed _____
+ing _____

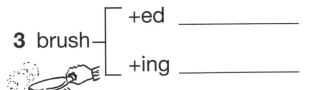

4 push
+ed _____
+ing _____

5 pull
+ed _____
+ing _____

6 want
+ed _____
+ing _____

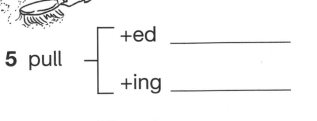

7 ask
+ed _____
+ing _____

8 crack
+ed _____
+ing _____

For most words just add *-ed* or *-ing*, e.g. **bark** → **barked** → **barking**.

Or, er, ir, ur, air and ear

Look, say, cover	Write and check	Write and check	Write and check
her	_____	_____	_____
term	_____	_____	_____
girl	_____	_____	_____
dirt	_____	_____	_____
fur	_____	_____	_____
burn	_____	_____	_____

Use *er, ir, ur, or, air* or *ear* to make words. Write the words.

1 k____b

2 b____d

3 b____st

4 ch____

5 sp____

6 f ____st

7 ch____ry

8 f____k

9 th ____d

A letter string is a group of letters in a word. Common letter strings are *or, er, ir* and *ur*.

Wh and ph

Look, say, cover	Write and check	Write and check	Write and check
wheat	_____	_____	_____
when	_____	_____	_____
wheel	_____	_____	_____
whisper	_____	_____	_____
whistle	_____	_____	_____
whale	_____	_____	_____

A The letters *ph* make the sound *f* in words.
Write these words with *ph*.

1 <u>dolphin</u>   **2** _____   **3** _____

4 _____   **5** _____   **6** _____

B Choose a word with the letters *wh* and a word with the letters *ph*
and write a sentence for each.

1 _____

2 _____

 Two letters can spell one sound, e.g. **w + h → wh, p + h → f.**

Look, say, cover	Write and check	Write and check	Write and check
fireworks	_____	_____	_____
classroom	_____	_____	_____
goldfish	_____	_____	_____
upstairs	_____	_____	_____
lifeboat	_____	_____	_____
weekend	_____	_____	_____

Join one jigsaw piece on the left hand side with one piece on the right to make eight compound words.

bath   berry   bathroom

light   bird

wheel   house   _____

lady   ring   _____

some   case   _____

suit   thing   _____

ear   room   _____

straw   chair   _____

Compound words are two whole words that join to make one, e.g. **wall** + **paper** = **wallpaper**.